AF278534

LE GERS

19 SEPTEMBRE 1867

PAMPHLET GASCON

PAR

X. X.

LECTOURE

IMPRIMERIE J. ORIACOMBE, RUE IMPÉRIALE.

1867
1868

LE GERS

Du 19 Septembre 1867

PAMPHLET GASCON

De l'*acétate* de morphine un grain dans une cuve se
perd, n'est point senti ; dans une tasse fait vomir,
dans une cuillerée tue, et voilà le pamphlet.

P.-L. COURRIER, *Pamphlet des Pamphlets.*

Le soussigné, si vous voulez bien le permettre, ne signera pas le présent de son nom. Il a
trop peur de la griffe de M. *Thibault.* Il se dési-
gnera donc par un X redoublé ; et si M. Thibault
n'est pas satisfait et que sous ces formes algébri-
ques son imagination en éveil aperçoive encore
l'ombre de M. *Victor Luro,* absolument comme à
Don Quichotte les ailes d'un moulin à vent sem-
blaient une armée, M. Thibault est libre ; les
manies ne se guérissent pas ; on les supporte avec
indulgence. D'ailleurs nous ne pourrons être que
très flatté d'être pris pour M. Luro, puisque de
l'aveu de M. Thibault, cet écrivain a au moins
un style ; il est même *incisif* et *insidieux* dit le même M. Thibault.

Qu'on nous prenne donc pour lui encore une
fois ; de cela nous ne serons point blessé. — Nous
ne dirions pas de même, si l'on pouvait nous

confondre avec n'importe qui, avec A ou avec B ;
avec A. T. ou avec A. S.-E ; et pour parler moins
algébriquement, avec M. *Thibault,* ou avec M.
Alexandre Salle-Estradère, ou même avec M. *Despaux.*

Avez-vous jamais vu, ami lecteur, des volatiles de basse-cour, dans un jeu cruel qui se prati-
que encore en certains pays, et qui réalise d'une
façon singulière l'image de quelqu'un qui ne
sait sur quel pied danser ? On place ces pauvres
volatiles, originaires de l'Inde, sur une certaine
étendue de plaques métalliques, chauffées à une
haute température. Alors se produit un *incedo
per ignes* de ces malheureuses bêtes, posant un
pied, le levant aussitôt, posant l'autre, le levant
de même, se jetant ici, revenant par là, cher-
chant un appui, mais n'en trouvant jamais, tombant, se relevant, tombant encore, jusqu'à ce
qu'enfin épuisées par ces tentatives désespérées,
les pauvres bêtes succombent, sans essayer de
nouveaux efforts pour le maintien d'un équili-
bre impossible.

Ce spectacle vient de nous être offert, dans le
journal le *Gers* du 19 septembre, par M. Despaux.
C'est le *Gers* lui-même qui a servi de plaque in-
candescente, et M. Thibault, chose étrange, n'a
pas hésité à le placer lui-même sous les pieds de
son correspondant.

Mais vous allez me demander : Qu'est-ce donc
que M. Despaux ?

C'est une nouvelle étoile qui s'est levée du côté
de Miélan, dans le ciel constellé du journal le
Gers.

On n'aura pas oublié, j'aime à le croire, l'empressement faiblement littéraire de cet écrivain, à revendiquer pour le parti de M. Dagé, à Miélan, l'honneur d'être dévoué à M. Granier de Cassagnac, pendant qu'à Paris M. Dagé se défendait de cet honneur comme d'une injure, tant pour lui que pour son parti.

Cet excellent notaire, M. Despaux (car cette étoile exerce la profession du notariat) M. Despaux, disons-nous, a écrit au *Gers* une seconde lettre explicative de la première. On doit recommander de la lire fort lentement, car les phrases s'y étendent jusqu'à dix lignes en longueur, et l'on court risque d'oublier à la fin, si l'on ne prend même quelques notes, ce que l'auteur a pu dire au commencement.

Moyennant cette précaution, on peut comprendre tout d'abord que M. Despaux essaie d'expliquer comme quoi il a été tout récemment l'objet d'une tentative d'intimidation. Il essaie, dis-je, je me trompe, il n'essaie pas du tout au contraire ; — il s'extasie seulement sur la façon quelque peu miraculeuse dont cette intimidation très secrète, à ce qu'il paraît, serait parvenue à la connaissance de M. Thibault, le destinataire de son épître ; et il se proclame quitte « en déclarant constant et vrai le fait auquel il » a été fait allusion, sans que je veuille, ajoute- » t-il, donner ici ou qu'on puisse exiger de moi » une explication plus complète, explication qu'il » me plaira peut-être de faire parvenir en bon » lieu, à mon loisir. »

Oh, mille pardons, Monsieur le notaire ! On voit bien que vous êtes ici quelque peu novice et que vous avez bien plus l'habitude d'écrire sur les feuilles timbrées de l'enregistrement que sur les feuilles, timbrées aussi, qui reçoivent les élucubrations des journalistes et de leurs correspondants.

Voyez donc ! vous dites au public : *On a voulu m'intimider* ; absolument comme certaine prude dirait : *On a voulu me prendre de force.* Certes c'est là une accusation. Contre qui ? Vous vous gardez bien de le dire. Mais par cela même, vous pouvez, Monsieur, faire soupçonner bien des gens innocents,

Eh bien ! à ces innocents que l'allégation de votre grief tient en suspicion vous devez, en conscience, une explication plus complète et plus franche. Bien plus, vous la devez aussi à vous-même. Car, remarquez bien, si vous n'étiez pas plus précis et plus explicite, vous autoriseriez le *Courrier du Gers*, qui n'est certes pas méchant, à emprunter, pour vous l'appliquer, le langage de son voisin, le *Gers* qui, lui, sait si bien et sans scrupule imprimer des épithètes que vous avez certainement remarquées et dont le *Courrier* fait la collection.

Voilà donc le premier point de la lettre de M Despaux. En réalité, il ne l'a pas écrite pour apporter une explication, mais plutôt pour la refuser. Un malin pourrait dire : ce n'était pas la peine de l'écrire, d'autant qu'il y eût eu, par contre, quelque charité à épargner aux lecteurs du *Gers* la peine d'en prendre lecture.

Mais M. Despaux avait autre chose à dire : — Il avait à se plaindre « d'un *factum* du mois d'août
» dernier, *volumineux libelle qui renfermait dans ses*
» *flancs* la mise en accusation du maire de Mié-
» lan, sa révocatiou immédiate, celle de certains
» maires du canton, la dissolution du conseil mu-
» nicipal, la révocation du commissaire de poli-

» ce, enfin, pour comble, *monstrum horrendum !*
» (ces mots latins ne sont pas de M. Despaux)
» *la fermeture du cercle !* »

Ici toute personne habitant le canton de Miélan éprouve le besoin irrésistible de demander de nouvelles de l'état de santé de M. Despaux. Car ce qu'on vient de lire, il n'a pu l'écrire, bien sûr, que dans un état de fièvre dont il n'aura peut-être pas eu conscience.

Effectivement, qui donc a jamais ouï parler d'un libelle du mois d'août ? Quelle est donc l'imprimerie qui a pu mettre au grand jour ce monstre aux flancs volumineux ? Mais, que dis-je ? Aurais-je moi aussi la fièvre comme M. Despaux ? Le grand jour n'a rien éclairé de pareil que je sache. — Ce monstre volumineux est donc resté enveloppé de ténèbres ? Une presse clandestine lui aura donné le jour ? Non, pas le jour, encore une fois, mais enfin l'aura engendré ? — Pour la grâce de Dieu, que M. Despaux veuille bien envoyer un exemplaire du *factum* au *Courrier du Gers* ; cela fera faire de grands yeux, et nous remercierons publiquement M. Despaux d'avoir eu le courage de prendre le monstre par les cornes, nonobstant le poids et le volume, et d'avoir dit au monde consterné : *Le voilà !*

Mais, si M. Despaux ne pousse pas jusque-là l'héroïsme justement attendu de lui, qu'en résultera-t-il ? Il en résultera que le monstre aux flancs volumineux affectera les apparences douteuses de la tentative d'intimidation ci-dessus et que le public bien édifié ne verra, dans l'un comme dans l'autre, qu'un double cauchemar du cerveau malade de M. Despaux.

Nous aurions bien quelque autre chose à dire
sur un troisième point de la lettre de M. Despaux, concernant sa profession de foi politique,
celle de son ami, M. Dagé, et l'accord dans lequel
il cherche à se maintenir avec ce dernier, encore
bien que M. Granier de Cassagnac ne puisse plus
servir de trait-d'union entre l'un et l'autre. Mais
à quoi bon remplir de ces choses un petit écrit
qui n'a garde de prétendre à l'importance d'un
factum volumineux.

Aussi bien, M. Despaux ne demande qu'à être
laissé tranquille. Il n'est pas ambitieux, ce pau-
vre cher homme; il le déclare franchement. Il fait
plus; il se rend justice avec une naïveté tou-
chante et qui rappelle la pieuse sincérité des
premiers confesseurs avouant publiquement leurs
péchés et leurs faiblesses.

M. Despaux va même plus loin que ces admira-
bles chrétiens des premiers temps de notre ère;
il confesse la *faiblesse de son intelligence.* « Nulle
» ambition, dit-il, n'a d'effet sur moi. Je ne veux
» ni ne demande quoi que ce soit, me faisant
» d'ailleurs bonne justice, *dans la persuasion où
» je suis que la faible intelligence qui m'a été dépar-
» tie suffit à peine aux devoirs de ma profession.* »

Admirable candeur! qui oserait lui opposer un
démenti ? Allons, excellent homme, nous vous
croyons, et nous disons plus : bien coupable serait le malencontreux censeur qui ne vous lais-
serait point en paix à cause de vos peccadilles
littéraires !

Demeurez donc paisible, et n'ayez garde à l'a-
venir de vous aventurer dans les sentiers *abruptes*
de la polémique. Ces sentiers ne sont pas faits
pour vous. Et puisque vous vous y êtes engagé
quelque peu, poussé par je ne sais quel démon,

chassez ce démon ; revenez vite chez vous ; et
pour que la fièvre ne vous reprenne pas et avec
elle le cauchemar, prêtez-vous doucement à tous
les soins domestiques ; couvrez-vous d'un bon-
net de coton bien chaud ; mettez dedans vos oreil-
les bien chaudes ; prenez quelques infusions de
tilleul ; vos nerfs se calmeront et vous ne garde-
rez de tout ceci que le vague souvenir d'un
songe importun. *Pax tecum !*

Moins paisible certainement sera la suscepti-
bilité du rédacteur en chef du *Gers.*

Cet animal est très méchant ;
Quand on l'attaque il se défend.

Ce n'est certes pas à lui qu'on pourrait appliquer ce vieil et mauvais dicton. C'est quand on
se défend qu'il se dit attaqué ; et alors il attaque
encore.

Voyez plutôt son article : *Simple Parenthèse.* —
Simple Parenthèse, qu'est-ce que cela ? Oh ! ce
n'est qu'un titre ; ne vous arrêtez pas trop à cela.
Les titres du rédacteur du *Gers* sont en général
des énigmes, probablement pour piquer la curio-
sité. Cela s'appelle mettre son esprit dans les
premiers mots sans crainte d'en manquer jamais
pour le reste. Aussi ces titres ingénieux sont
comme des petits sphinx placés à dessein dans
le vestibule de ces édifices où l'art de construire
une phrase, la délicatesse exquise, le goût par-
fait, qualités éminentes de l'écrivain le disputent
à la courtoisie, à l'impartialité, à la dignité, qualités éminentes de l'homme.

Et voyez quelle générosité de grand air il a pour son adversaire : A Fontenoy, la noblesse française, dans un élan de courtoisie mêlée de bravoure, disait à l'ennemi : « Messieurs, tirez les premiers. » M. Thibault, le journaliste, efface en cela le maréchal de Saxe et les siens. Il dit au *Courrier du Gers*, parlant à la personne de M. Luro : « Continuez, Monsieur ; quand vous aurez fini, alors seulement je riposterai. » — Il dit cela ? — Oui, vraiment, il le dit, dans son dernier article, *simple Parenthèse* ; — pour la troisième fois, je vous assure qu'il le dit. — Mais le fait-il, du moins ; car enfin, s'il le fait, ce M. Thibault est vraiment un parangon de haute courtoisie.

Ah ! ceci est autre chose. Voyez-vous, il y a là une variante. — Une variante de quoi ? — Une variante de ce rôle des *Faux Bonshommes* que le *Courrier du Gers* n'a pu s'empêcher de rappeler l'autre jour. On ne commence plus par des douceurs pour finir par des duretés ; mais l'on commence par les duretés même et l'on finit en disant : « Remarquez que je n'ai rien dit ; à Dieu » ne plaise ! Que mon adversaire me malmène à » sa guise ; je verrai de répondre plus tard. »

En attendant, on écrit des choses... Oh des choses que nous ne reproduirons pas ici, — ne craignez rien, — cela détonnerait dans cette page. — Il y a, au surplus, pour ces sortes de citations, une place spéciale dans le *Courrier du Gers* ; on a pu les y trouver plusieurs fois.

Aujourd'hui, le suprême de l'art, pour le rédacteur en chef du *Gers*, c'est de montrer M. Victor Luro, escaladant la grille du Palais-Bourbon, pour entrer au *Corps-Législatif*,

Mais, Monsieur le rédacteur en chef du journal le *Gers*, il me semble que votre imagination surexcitée vous fait oublier singulièrement la couleur locale. M. Luro, même pour ceux qui ne le connaissent que par ses articles, est certainement un homme bien élevé. Si, comme on l'a dit, le style est l'homme même, il doit avoir la tenue et les habitudes de bon aloi dont on trouve la trace dans son langage et dans ses écrits. L'auteur de *Marguerite d'Angoulême* et des pages que publient chaque semaine les premières colonnes du *Courrier du Gers* est certainement un homme qui a *l'habitude de porter des gants*. Or ces hommes-là ne sont pas, que je sache, coutumiers des faits d'escalade. Quant ils entrent quelque part, on leur ouvre les portes ; et s'il y a un huissier, l'huissier les annonce à haute voix, et ils n'ont pas à rougir du bruit de leur nom devant la meilleure compagnie.

Si M. Luro entre jamais au Corps-Législatif, ce que j'ignore tout en le lui souhaitant, c'est de cette façon qu'il y entrera. Il n'a, pour cela, qu'une chose à faire ; c'est de continuer à publier, dans le *Courrier du Gers*, des articles comme il sait les faire, soit sur la *Canalisation de la Baïse*, soit sur le *Gongrès de Genève*.

Nous conseillons à M. Thibault de méditer surtout ce dernier. Nous l'engageons fortement à y chercher les fautes de style, de grammaire, d'orthographe ou de ponctuation. Qu'il les note avec ces parenthèses dont il a le secret, pour la confusion des copistes de M. Luro ; et qu'il publie le tout dans son journal. Il fera vraiment une chose méritoire et qui lui vaudra ma reconnaissance ; il aidera M. Luro dans sa marche vers le Corps-Législatif, et il ne contribuera pas mal à lui en faire ouvrir l'entrée.

Cela vaudra mieux, à coup-sûr, que ces invectives déplorables qui ne sont que des gros mots à l'adresse d'un homme qui ne connaît point ce langage et qui certes ne l'emploira jamais, même pour se défendre.

Nous avons parlé des habitudes communes à tout homme bien élevé. Cela nous fait penser qu'il y a vraiment des joutes convenables et qu'on pourrait appeler des joutes *à main gantée*. Eh bien ! nous le dirons, la main de M. Thibault nous semble nue. Cela nous rappelle involontairement qu'il y a d'autre part des gens qui, dans leurs luttes, non contents d'avoir, eux-aussi, les mains à découvert, comme marque suprême de leur incivilité, les mouillent encore de leur salive, probablement pour mieux salir.

Que M. Thibault ne se formalise pas de ceci. Nous n'avons assurément pas l'intention de l'assimiler aux boxeurs de rue ; non, mille fois non. Seulement, c'est déjà un tort d'y faire penser. Le *Courrier du Gers* n'a-t-il pas été obligé, en certains cas, pour toute défense, de mettre sous les yeux de ses lecteurs scandalisés de grosses injures qu'un journal ne devrait jamais se permettre ? Que M. Thibault en montre donc de pareilles dans le *Courrier du Gers*. S'il peut faire cela, ce sera, sans contredit, la meilleure contre-partie de cette sorte de compte-courant ouvert par le *Courrier* aux injures de son voisin et dans lequel le crédit de ce dernier paraît se grossir d'un lourd billon d'épithètes que le *Courrier du Gers* ne pourra certes jamais lui payer.

Mais que voulez-vous ? Chacun paie avec ce qu'il a dans sa bourse. Quelquefois, on peut bien emprunter ; et c'est précisément ce qu'essayait naguère un collaborateur du *Gers* en prenant, tantôt dans le fonds de Beaumarchais, tantôt dans celui de Mme de Sévigné, croyant sans doute se mettre de la sorte en mesure de payer le *Courrier* en espèces de bon aloi.

Mais le malheur est que la monnaie dénaturée par la maladresse de l'emprunteur n'a plus été que de la fausse monnaie, et, par suite, le paiement n'a véritablement rien valu.

Aujourd'hui, le rédacteur du *Gers* fait mieux. Il emprunte ou plutôt il prend à M. Victor Luro lui-même.

Regardez, en effet, la *Simple Parenthèse*. Que de choses et que de mots dont se pare M. Thibault et qui vraiment ne sont pas de lui ! Encore si le larcin affectait ce déguisement ingénieux qui le rend parfois préférable à l'invention même. Mais ce n'est pas cela du tout. En prenant les plumes d'autrui, M. Thibault les met au pillage.

Allons, voyons, M. le rédacteur en chef du *Gers*, nous ne doutons pas que vous ne soyez en état de nous répondre avec la finesse, le tact, l'ingénieuse ironie et parfois même avec l'éloquence d'un véritable écrivain. Si vous voulez bien faire cela, votre réponse ne nous inspirera aucun regret quand même vous trouveriez moyen de l'entrelarder de quelques malices.

Mais surtout changez un peu et votre but et vos flèches. Vous tirez sans cesse sur la candidature prétendue de M. Victor Luro. Qui donc vous en parle ? Ces personnalités contre un candidat simplement possible à l'heure qu'il est ne sont point de bonne guerre. Quittez donc une bonne fois les personnes et entreprenez de montrer vos talents en discourant sur les choses. Renoncez surtout à incriminer les intentions comme on vous l'a déjà dit. C'est là une tactique mauvaise. Votre rôle est de défendre et de glorifier le Gouvernement. Certes la marge est ample, et, pour bien vous acquitter de votre tâche, il n'est nullement besoin de jeter des pierres boueuses à votre voisin.

Montrez ce que le Gouvernement a fait, ce qu'il fait chaque jour; c'est là votre rôle; et ne vous fâchez pas si, à côté de vous, un autre a cru pouvoir s'attribuer pour mission de montrer sans cesse ce qui reste à faire. A vrai dire, ce n'est là autre chose que la *division du travail* en matière politique.

Mais, si vous persistez dans vos ferraillements obstinés toujours et toujours contre la même personne présente ou absente, il faudra bien qu'on dise : « Voilà un écrivain qui tourne continuellement dans le même cercle, absolument comme un écurcuil dans son cylindre, » gentillesse à part, bien entendu. Ou bien l'on dira : « Voilà un homme qui ne cesse d'avoir sous les yeux un fantôme. Dort-il? » Et si, par malheur pour vous, à la suite d'une indigestion par exemple, votre médecin vous impose quelques jours de diette et que l'apparence de votre personne en soit amoindrie, alors, tant pis pour vous! On ne manquera pas d'ajouter : « Décidément son fantôme le fait maigrir. »

Au lieu de cela, combien il vaut mieux prospérer dans la douce et grasse condition de publiciste officiel ! En vérité, n'était votre humeur un peu susceptible, vous devriez tout voir en bleu et en rose.

En effet, tandis qu'à nous « tout nous est aquilon, » pour vous, tout vous semble zéphire. Que vous importent les abonnés ? Le lendemain ne vous est-il pas tout aussi sûr que la veille ? Vous avez la sécurité des heureux à traitement fixe. Jouissez de votre présent ; l'avenir est vraiment à vous, pourvu toutefois que votre Dieu soit toujours un Dieu, ou plutôt pourvu que le souffle populaire, parfois capricieux, comme celui qui soulève les flots et déracine les chênes, ne renverse pas votre idole de son piédestal, auquel cas vous porterez sans doute votre encens ailleurs. Ainsi soit-il.

X. X.

Auch, 21 septembre 1867.

www.ingramcontent.com/pod-product-compliance
Lightning Source LLC
Chambersburg PA
CBHW071656030726